조선을 지키기 위해 끝까지 싸운 사람들,
그들은 어떤 노래를 불렀을까요?

# 나라의 문을 연 조선

이현 글 | 김호랑 그림

조선의 스물다섯 번째 왕인 철종은 왕자 없이 세상을 떠났습니다.
또 궁궐 밖에서 새 왕을 찾아야 했어요.

"그럼, 다음 왕은 누가 되시려나?"
"철종과 가장 가까운 친척이겠지?"

모두가 궁금한 얼굴로 수군거렸어요.
그런데 왕실의 가장 어른인 신정 왕후는 뜻밖의 결정을 내렸어요.

"흥선군의 둘째 아들 명복을 왕으로 삼겠노라!"

흥선군은 왕의 먼 친척이었어요.
왕족이라고 해 봤자 부자도 아니고, 힘도 없었어요.
높은 벼슬을 하는 신하들에게 아쉬운 부탁을 하러 다니기도 했어요.
돈을 빌려 달라, 벼슬자리를 알아봐 달라 하는 소리였지요.

그러던 흥선군의 아들이 왕이 되었어요.
왕의 아버지 흥선군은 대원군이 되었지요.
온 나라 사람들이 흥선 대원군의 눈치를 살폈어요.
아직 어린 왕은 아버지의 뜻을 따를 테니까요.
대원군은 왕과 다름없는 힘을 갖게 되었습니다.

● **대원군** 왕이나 세자의 아들이 아닌 왕손이
임금이 되었을 때 임금의 친아버지에게 준 벼슬.

흥선 대원군은 꿈이 큰 사람이었어요.
이제 그 꿈을 이룰 힘도 가졌어요.
그 꿈을 하나하나 현실로 만들기 시작했어요.

"양반도 조선의 백성이다. 똑같이 세금을 내도록 하라!"

그동안 가난한 백성들에게만 세금을 내게 하던
양반들에게 날벼락이 떨어진 거예요.

"왕족이나 양반의 무덤을 크게 만들지 못하게 하라! 서원을 없애라!"

서원은 존경받을 만한 학자를 기리기 위해 만든 곳이에요.
하지만 그건 핑계일 뿐, 양반들은 서원에서 자기 욕심이나 차렸지요.
나랏돈을 뜯어 가고 백성들을 함부로 부렸어요.
그래도 누구 하나 서원을 건드리지 못했어요.
그런데 흥선 대원군이 서원의 문을 닫아 버렸습니다.

흥선 대원군은 경복궁도 다시 세우기로 했습니다.
임진왜란과 병자호란을 거치면서 경복궁은 불에 타 버렸어요.
조선이 탄생한 궁궐이 있던 자리에 잡초만 무성했지요.

"경복궁은 조선의 상징이다. 경복궁을 다시 세워야 한다!"

경복궁을 새로 짓는다는 소식에 온 나라가 들떴어요.
기꺼이 돈을 보태기도 했고,
스스로 일하러 나오는 사람들도 많았어요.
하지만 궁궐을 짓는 건 무척 힘든 일이었어요.
사실 조선은 그럴 만한 형편이 못 되었어요.
게다가 공사장에 불이 나는 일도 있었어요.

그래도 대원군은 뜻을 굽히지 않았어요.
무리하게 돈을 끌어모으기 시작했어요.

"돈이 부족하면 돈을 만들면 될 일! 돈을 더 찍어 내도록 하라!"
"모두가 공사에 돈을 보태도록 하라!"
"한양 도성에 들어올 때마다 문을 통과하는 세금을 내라!"

마침내 경복궁이 완성되었습니다.
전쟁이 끝난 지 300년, 조선은 비로소 경복궁을 되찾았어요.
새 경복궁과 함께 한양은 처음의 모습을 되찾았어요.

하지만 세상은 조선이 세워졌을 때와 달라져 있었어요.
사람들은 옛날에 머물러 있지 않았어요.
새로운 믿음이 널리 퍼져 나가고 있었습니다.

"사람은 모두 똑같은 하느님의 자녀다!"

천주교를 믿는 사람들이 늘어났어요.
나라에서 엄히 금해도 그 믿음을 바꿀 수가 없었어요.
그러자 대원군은 끔찍한 명령을 내리고 말았어요.

"천주교를 믿는 자는 모두 처형하라!"

한강 변 높은 언덕에 처형장이 만들어졌어요.
만 명이나 되는 사람들이 천주교를 믿는다는 이유로 목숨을 잃었어요.
몰래 숨어서 천주교를 전하던 프랑스 신부 아홉 명도 함께 처형당했어요.
병인년(1866)에 일어난 이 사건을 '병인박해'라고 해요.

프랑스에도 병인박해 소식이 전해졌어요.

"우리 프랑스 신부님들의 원수를 갚아야 한다!"

프랑스 사람들은 몹시 화가 났어요.
한편으로는 조선으로 쳐들어갈 핑계가 생겨서 좋기도 했어요.
프랑스만이 아니었어요. 영국, 네덜란드, 스페인······.
서양의 나라들은 앞다투어 바다 건너 먼 나라를 노리고 있었어요.
물건을 팔기도 하고, 심지어 식민지로 삼기도 했어요.
그런데 조선만은 문을 굳게 닫고 있었지요.

마침내 프랑스군이 조선으로 쳐들어왔어요.
일곱 척의 군함에 병사들이 1000여 명이나 되었어요.
프랑스군은 순식간에 강화도를 차지했어요.
하지만 조선군도 그냥 당하지는 않았어요.
양헌수 장군이 강화도의 정족산성을 되찾고 꿋꿋하게 싸웠어요.
결국 프랑스군은 조선에서 물러갔어요.
그러면서 강화도에서 조선의 보물들을 훔쳐 갔고,
아직도 돌려주지 않고 있답니다.

미국도 군함 다섯 척에 1000여 명의 군사를 끌고 몰려왔어요.

"조선으로 갔던 우리나라 상인의 배가 사라졌소. 어찌 된 일이오?"

미국은 새삼 몇 년 전의 일을 따져 물었어요.
그걸 빌미로 조선의 문을 열게 하려는 거였지요.
미군도 강화도를 공격했어요.
이번에도 조선군은 끝까지 맞서 싸웠어요.
미국은 빈손으로 물러나야 했어요.

대원군은 나라의 문을 더욱 굳게 걸어 잠갔습니다.

"나라 곳곳에 척화비를 세워라! 우리 조선은 절대 양이들과 상대하지 않는다!
양이들과 화해하는 것은 나라를 팔아먹는 것과 같다!"

'양이'란, '서양 오랑캐'라는 뜻으로 서양을 업신여기는 말이었지요.

하지만 세상은 조선의 생각과 다르게 변하고 있었어요.
영국은 청나라에도 시비를 걸었어요.

"왜 우리 상인들의 물건을 빼앗았소?"

그 물건이란, 사람의 건강을 크게 해치는 아편이었어요.
영국은 뻔뻔하게도 아편을 팔지 못하게 한다는 빌미로
청나라를 공격했어요.

청나라는 영국군에 크게 패했어요.
홍콩 땅을 영국에게 강제로 빼앗기게 되었지요.
프랑스도 신부들의 죽음을 빌미로 청나라를 공격했어요.
프랑스와 영국은 한꺼번에 베이징으로 몰려가 사람들을 해치고
오래된 궁궐들에 불을 질렀어요.
중국의 수많은 보물도 훔쳐 갔어요.

일본도 처음에는 서양을 미워했어요.

일본을 찾아온 서양 군함을 먼저 공격하기도 했지요.

그러면서 일본인들은 현실을 깨달았어요.

"서양은 강하다! 저들에게 지지 않으려면 저들을 배워야 한다!"

일본은 메이지 천황을 중심으로 똘똘 뭉쳤어요.

나라의 문을 활짝 열고, 서양에 유학생을 보냈어요.

열심히 서양을 배우기 시작했어요.

군대도 서양처럼, 학교도 서양처럼, 달력도 서양처럼.

머리 모양이며 옷차림까지 서양을 따라 했어요.

일본은 서양과 어깨를 나란히 할 만큼 힘을 길렀어요.

그러고는 서양의 잘못된 행동까지 따라 하기 시작했어요.

"우리도 나라 밖에 식민지를 만듭시다!"

일본은 저 멀리 타이완을 멋대로 차지했어요.
다음으로는 오래전 임진년에도 탐낸 적 있던 곳,
바다 건너 조선으로 눈을 돌렸습니다.

열한 살에 왕이 된 고종은 어느덧 스무 살이 넘었어요.
민씨 집안의 딸을 중전으로 맞이했지요.
새 중전 명성 황후는 책 읽기를 즐기는 똑똑한 사람이었어요.
고종은 명성 황후에게 의지하게 되었어요.
나랏일도 명성 황후과 의논하는 편이 좋았어요.
고종은 차츰 아버지 대원군을 멀리했어요.

대원군에게 불만을 가진 사람들이 목소리를 높이기 시작했어요.

"흥선 대원군은 왕처럼 굴고 있소!"
"왕께서 장성하셨는데 어찌 아버지가 나랏일에 나선단 말이오?"
"이제 왕께서 직접 조선을 다스려야 할 때요!"

결국 대원군은 모든 힘을 잃고 물러나게 되었습니다.

그런데 일본의 군함 운요호가 강화도를 공격했어요.
이번에는 조선군이 당해 내지 못했어요.

"왜놈들이 양이들만큼 강하단 말이오?"

일본을 얕보고 있던 조선은 깜짝 놀라고 말았어요.

조선은 일본의 요구를 들어줘야 했어요.
일본인들이 드나들 수 있도록
항구를 열어 주게 되었어요.
고종과 명성 황후는 나라의 문을 열기 시작했어요.
미국, 프랑스, 독일, 영국, 러시아, 그리고
여러 나라가 조선을 찾아오기 시작했습니다.

백성들은 형편이 말이 아니었어요.
심지어 병사들이 녹봉*을 13개월 동안이나 받지 못했어요.
그러다 겨우 쌀을 받았는데, 그중 절반이 모래였어요.
병사들은 몹시 화가 났어요.

"이걸 사람이 먹으라고 주는 거냐?"
"벼슬아치들이 우리 녹봉을 떼어먹은 거지!"
"더 이상은 못 참겠다! 굶어 죽느니 싸우다 죽자!"

* **녹봉** 나라에서 지급하는 급료.

병사들은 모래 섞인 쌀을 준 선혜청 관리 민겸호의 목숨을 빼앗았어요.
민겸호는 명성 황후의 남동생이었어요.
그리고 병사들은 욕심 많은 관리들의 집을 불사르고는
명성 황후가 있는 대궐로 몰려갔어요.

"중전마마! 중전마마! 병사들이 몰려오고 있사옵니다!"

명성 황후는 급히 상궁의 옷으로 갈아입고
궁궐을 빠져나가 겨우 목숨을 건졌습니다.

병사들만이 아니었어요.
힘없는 백성들 모두 같은 형편이었어요.
양반에게, 수령에게, 나라에게 빼앗기고 끌려다니느라 지쳤어요.
더 이상은 참을 수 없었어요.
먼저 전라도 고부의 농민들이 떨쳐 일어났어요.

"동학이 앞장서야 하오!"

● **동학** 최제우가 세상과 백성을 구제하기 위해 창시한 민족 종교.

전봉준이 앞장서서 동학군을 이끌었어요.
사람들은 전봉준을 '녹두 장군'이라고 불렀습니다.

"사람은 모두 귀하다!"

동학의 가르침은 모두의 꿈이었지요.
곳곳에서 동학군이 일어났어요.
동학을 믿지 않는 백성들도 동학군을 따라나섰어요.
전봉준이 이끄는 동학군은 전주성을 차지하고
백성들의 꿈을 널리 알렸어요.

"우리는 백성을 어려운 형편에서 구하고 나라를 바로 세우고자 한다.
욕심 많은 관리를 내쫓고 외적을 물리치고자 한다.
양반에게 고통받는 백성과 수령에게 짓밟힌 백성들은 우리에게 오라!"

고종과 신하들은 급히 군대를 보냈어요.
하지만 동학군의 기세를 막을 수는 없었어요.
한양까지 달려올 기세였지요.

"이를 어찌하면 좋단 말이오? 저들을 막을 방법이 없단 말이오?"

고종도 명성 황후도, 그리고 벼슬아치들도
백성들의 뜻에는 관심이 없었어요.
어떻게든 동학군의 힘을 꺾어 놓을 생각뿐이었어요.

"청나라에 도움을 청합시다!"

옳다구나 청나라군이 조선으로 몰려왔어요.
안 그래도 조선에 발을 들여놓을 틈만 찾고 있었거든요.
일본군도 슬그머니 조선으로 군대를 보냈어요.
조선의 왕과 왕비와 벼슬아치들이 남의 나라 군대를 불러들인 거였어요.
하지만 전주성의 동학군은 자신들보다 나라 걱정이 컸어요.

"우리를 핑계로 남의 나라 군대가 들어왔으니 큰일이오.
일단 우리가 물러납시다."

동학군은 스스로 성문을 열고 뿔뿔이 흩어졌습니다.

하지만 일본군은 물러나지 않았어요.
이번 기회에 중국을 아예 조선에서 따돌리려는 속셈이었어요.
콰앙! 일본군이 먼저 청나라를 공격했어요.
쉽게 승부가 났어요. 일본의 승리였어요.
그러자 전봉준의 깃발 아래 동학군이 다시 모였어요.
일본군을 몰아내고 나라를 지키기 위해 농민들이 나섰습니다.
전라도를 넘어 충청도, 강원도, 경기도의 농민들도 함께 싸웠어요.

하지만 총과 대포로 무장한 일본군을 당해 낼 수 없었어요.
동학군은 우금치에서 크게 패했어요.
녹두 장군 전봉준도 처형당하고 말았어요.
백성들은 전봉준을 그리는 노래를 오래도록 불렀어요.

새야 새야 파랑새야
녹두밭에 앉지 마라.
녹두 꽃이 떨어지면
청포 장수 울고 간다.

청나라도 쫓겨났고, 나라를 위해 일어선 동학군도 무너졌어요.
조선의 왕도, 벼슬아치들도 나라를 지킬 힘이 없었어요.
고종과 명성 황후는 또 다른 나라의 힘에 기댔어요.

"일본이 조선을 통째로 집어삼키겠소."
"러시아가 우리를 도와줄 거예요."

일본은 러시아와 가까운 명성 황후가 눈에 거슬렸어요.

"명성 황후를 살려 두어서는 안 되겠다!"

일본은 깊은 밤에 경복궁으로 자객을 보냈어요.
자객들은 왕과 세자를 꼼짝 못 하게 가두어 놓고 명성 황후에게 달려갔어요.

"나는 조선의 국모이니라!"

하지만 그 외침은 자객의 칼날을 막지 못했어요.
일본인들은 증거를 감추려고, 명성 황후의 시신마저 불태워 버렸습니다.

고종은 그저 일본이 두려워 떨기만 했습니다.
러시아 외교관 베베르가 고종에게 은밀히 접근했어요.

"전하, 우리 러시아 공사관으로 피신하시지요."

고종은 당장 짐을 꾸려 러시아 공사관으로 도망쳤어요.
조선의 왕이 다른 나라 외교관의 지붕 아래로 도망친 거예요.

이제 조선의 궁궐은 텅 비었어요.
왕도, 왕비도 없는 궁궐은 더 이상 궁궐이라고 할 수 없었습니다.

나의 첫 역사 여행

# 개항의 역사가 깃든 곳

인천

부산에 이어 두 번째로 외국에 문을 연 곳은 인천이었어요.

그때부터 인천은 어느 곳보다 빠르게 외국의 새로운 문물을 받아들였어요.

최초의 철도, 최초의 감리교회, 최초의 호텔, 최초의 우체국…….

그런 인천의 역사가 개항 박물관에 담겨 있어요.

오늘날에도 인천은 국제공항을 통해 세계로 통하는

우리의 멋진 대문이 되어 주고 있답니다.

| 인천광역시 중구 문화 관광 ▼ | www.icjg.go.kr/tour |
| 인천 개항 박물관 ▼ | www.icjgss.or.kr/open_port |

인천 개항 박물관

우리나라 최초의 우체국

### 목포

목포 근대 역사관

세 번째로 개항을 한 목포에도 그때의 흔적이 많이 남아 있어요.
전라남도 목포는 드넓은 농토와 가까운 항구 도시예요.
일본인들은 목포를 통해서 조선의 쌀을 일본으로 빼돌리곤 했지요.
특히 '동양 척식 주식회사'라는 일본 회사가 악명 높았는데,
오늘날에는 그 건물이 목포 근대 역사관으로 쓰이고 있어요.

목포 문화 관광 ▼  www.mokpo.go.kr/tour

### 군산

군산시 문화 관광 ▼  www.gunsan.go.kr/tour

히로쓰 저택

동국사

목포에서 가까운 군산도 개항의 역사가 깃든 도시예요.
일본인들이 조선의 쌀을 가져가던 항구로 이용했던 곳이었어요.
오늘날까지도 부유한 일본 상인 히로쓰의 저택이 옛 모습 그대로 남아 있고,
동국사라는 일본식 절도 있답니다.
개항 무렵부터 지금까지 계속하고 있는 상점들도 있어요.

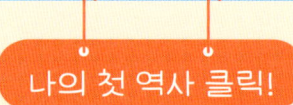

나의 첫 역사 클릭!

# 새로운 세상을 꿈꾼 동학

동학은 "사람이 곧 하늘이다."라는 믿음을 갖고 있어요.
모든 사람이 똑같이 하늘처럼 귀하다는 뜻이지요.
오늘날에는 당연한 말이지만, 신분의 구분이 엄격했던
조선에서는 깜짝 놀랄 소리였어요.
아마 양반들은 화를 내며 놀라고, 평민들은 무척 기뻤겠지요?

**동학 농민 운동이 시작된 만석보 자리**

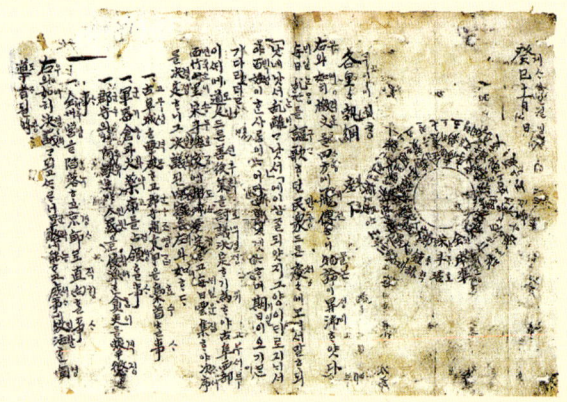

**동학군의 결의를 담아 쓴 사발통문**

수많은 백성이 동학과 함께 새로운 세상을 꿈꿨어요.
탐관오리를 벌하고, 노비를 해방하고, 차별을 없애고,
땅을 공평하게 나누어 농사짓고, 일본에 맞서 싸운다!
이것이 동학 농민 운동의 주장이었어요.
모두가 잘사는 조선을 꿈꿨어요.
동학 농민군은 전라남도 고부에서 시작해서
전라도와 경상도 그리고 충청도까지 휩쓸었어요.
결국 일본군의 강력한 무기에 패하고 말았지만,
그 뜻은 모두의 가슴에 남았어요.
동학군의 뜻을 이어 독립운동이 계속 되었지요.
동학은 훗날 '천도교'로 이름을 바꾸어 오늘날까지 이어지고 있답니다.

충청남도 공주 우금치의 동학 혁명 위령탑

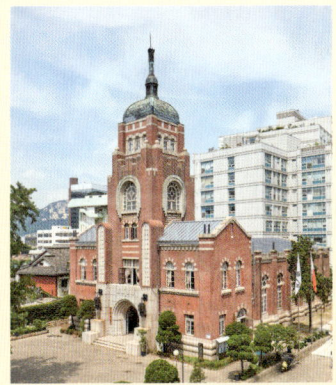

서울 종로의 천도교 중앙대교당

## 글 이현

세상 모든 것의 이야기가 궁금한 동화작가입니다. 우리나라 곳곳에 깃든 이야기를 찾아 어린이들의 첫 번째 역사책을 쓰고 있습니다. 그동안 《짜장면 불어요》, 《로봇의 별》, 《악당의 무게》, 《푸른 사자 와니니》, 《플레이 볼》, 《일곱 개의 화살》, 《조막만 한 조막이》, 《내가 하고 싶은 일, 작가》 등을 썼습니다. 제13회 전태일 문학상, 제10회 창비좋은어린이책 공모 대상, 제2회 창원아동문학상 등을 받았습니다.

## 그림 김호랑

창 너머 사람들을 구경하거나 추운 겨울에 따뜻한 이불 속에서 뒹굴뒹굴하는 것을 좋아합니다. 비가 오는 날 우산 위로 떨어지는 빗소리를 들으며 걷는 것도 좋아합니다. 아이들이 꽃과 나비와 함께 늘 행복했으면 좋겠습니다. 그린 책으로 《할머니가 아프던 날》, 《호랑이가 준 보자기》, 《손 없는 색시》, 《책 읽어 주는 아이 책비》, 《뒤로 가는 기차》, 《수성못》 등이 있습니다.

---

나의 첫 역사책 16 — 나라의 문을 연 조선

1판 1쇄 발행일 2020년 5월 20일 | 1판 3쇄 발행일 2020년 12월 18일

**글** 이현 | **그림** 김호랑 | **발행인** 김학원 | **편집주간** 정미영 | **기획** 이주은 박현혜 | **디자인** 김태형 유주현 진예리 박인규 이수빈 박진영
**마케팅** 김창규 김한밀 윤민영 김규빈 김수아 송희진 | **제작** 이정수 | **저자·독자 서비스** 조다영 윤경희 이현주 이령은(humanist@humanistbooks.com)
**스캔** (주)로얄프로세스 | **용지** 화인페이퍼 | **인쇄** 삼조인쇄 | **제본** 영신사 | **표지·본문 디자인** 유주현 한예슬
**발행처** 휴먼어린이 | **출판등록** 제313-2006-000161호(2006년 7월 31일) | **주소** (03991) 서울시 마포구 동교로23길 76(연남동)
**전화** 02-335-4422 | **팩스** 02-334-3427 | **홈페이지** www.humanistbooks.com

글 ⓒ 이현, 2020    그림 ⓒ 김호랑, 2020
ISBN 978-89-6591-387-0 74910
ISBN 978-89-6591-332-0 74910(세트)

- 이 책은 저작권법에 따라 보호받는 저작물이므로 무단 전재와 무단 복제를 금합니다.
- 이 책의 전부 또는 일부를 이용하려면 반드시 저작권자와 휴먼어린이 출판사의 동의를 받아야 합니다.
- **사용연령 6세 이상** 종이에 베이거나 긁히지 않도록 조심하세요. 책 모서리가 날카로우니 던지거나 떨어뜨리지 마세요.